Phil Bosmans

Weihnachten mit Herz

Phil Bosmans

Weihnachten mit Herz

HERDER

FREIBURG · BASEL · WIEN

Inhalt

Weihnachten mit Herz

Was wäre, wenn Weihnachten nicht wäre? Es gäbe keine Weihnachtsbäume, kein Weihnachtsgeschäft, keine Weihnachtsferien, keine Weihnachtspost, keine Weihnachtsgeschenke. Keine Weihnachtsfreude – aber auch keinen Weihnachtsärger.

Manche werden denken: Wenn Weihnachten nicht wäre, gäbe es keinen Stress vor dem Fest und keine trostlose Stimmung, während andere fröhlich feiern.

Dennoch bleibt Weihnachten für die meisten das schönste Fest des Jahres. Aber hilft das weiter, wenn es ernst wird? Weihnachten ist mehr als ein stimmungsvoller Höhepunkt. Wir brauchen Weihnachten, um leben zu können! Weihnachten ist so lebensnotwendig wie das tägliche Brot. Als Jesus auf die Welt kam, war in der Herberge kein Platz für ihn. Aber da war ein Stern und eine Krippe, die den Vorteil hatte,

leer zu sein. Und da war eine unglaubliche Botschaft, die Botschaft vom Frieden für alle Menschen, die sich öffnen für ihre Mitmenschen und für Gott.

Jedes Herz kann eine Krippe sein,
in der die Liebe geboren wird.

1

LIEBE FINDET
TAUSEND WEGE

Leben wie ein Kind

Die Menschen leben immer länger, aber sie werden nicht immer glücklicher. Zuerst arbeiten sie, um zu leben, und zuletzt arbeiten sie und vergessen zu leben. Wir leben in einer Kosten-Nutzen-Zeit. Die Menschen fragen: Wie hoch sind die Kosten? Wie hoch ist der Nutzen? Was bring's? Man berechnet Produktivität und Rentabilität. Laufend wird kalkuliert. Und man vergisst, dass man die Schönheit des Lebens in Augenblicken findet, da man nicht rechnet, da man einfach Mensch ist.

Du bist keine Maschine, konstruiert für bestimmte Zwecke! Du bist mehr als deine Funktionen, mehr als dein Posten. Du bist an erster Stelle Mensch, um zu leben, um zu lachen, um zu lieben, um ein guter Mensch zu sein.

»Mensch, ich hab dich gern!« Hast du nie das Verlangen gespürt, alle Menschen vor Freude in die Arme zu schließen und glücklich

11

zu machen? In uns lebt ein ewiges Suchen nach dem Unendlichen, nach etwas, das uns ganz und für immer erfüllt. Aber alles, auch die schönste Begegnung, ist so vorläufig, dass es sehr tief wehtun kann.

»Mensch, ich hab dich gern!« Du bist so verletzlich wie ich und ebenso allein wie ich. Du gehst denselben Weg zum selben Ziel und Ende. Gehetzt, gelassen, glücklich, ängstlich, ich weiß es nicht.

Aber wir sind zusammen unterwegs. Wir sind noch nicht da. Wir laufen in dieser Welt herum wie in einem Supermarkt: sehen, aussuchen, nehmen, kaufen, geben, wegwerfen. Es wird mit der Zeit entsetzlich langweilig und sinnlos, wenn wir das tiefste Verlangen in uns – Liebe zu geben und Liebe zu empfangen – mit Dingen betäuben, die man mit Geld bezahlen kann.

Wir müssen eine neue Art Kapital investieren, wollen wir als Menschen nicht in der Wurzel verfaulen. Das sagenhafte Kapital der

menschlichen Güte, der menschlichen Zuwendung und Freundschaft. Wenn Erwachsene sich unterhalten, geht es oft um Zahlen. Wollen sie einen kennenlernen, dann fragen sie, wie viel er besitzt, wie viel er verdient, wie viele Titel er hat, wie viele Beziehungen. Geht es um ein Haus, dann sagen sie bloß: »Eine Million«, und schon können sie es sich vorstellen. Schon wissen sie, was für ein Haus das ist.

Wenn man Kindern von einem Freund erzählt, fragen sie: »Wie ist er so? Kennt er gute Geschichten? Kann man mit ihm spielen?« Geht es um ein Haus, dann fallen ihnen besondere Dinge auf: die Farbe an der Wand, die Vögel auf dem Dach, der Weg zum Spielplatz. Wenn Kinder auftauchen, bekommt alles ein frisches Gesicht voller Farbe, Wärme, Leben.

Wir haben zwei Welten, um darin zu leben: die Welt des Geldes und die Welt des Herzens. Entscheide dich mit mir für die Welt des Herzens, wo du das Leben genießen kannst wie ein Kind.

Ein Blick ins Paradies

An Weihnachten feiern wir die Geburt des Christuskindes. Hirten, weise Magier aus dem Osten, ja die Engel im Himmel bestaunen das Wunder.

Jedes neugeborene Kind ist ein Wunder. Man kommt aus dem Staunen nicht heraus. Alles so winzig und doch vollkommen da: die Händchen, das Näschen, die Öhrlein. Das Geheimnis des Lebens leuchtet auf. Schauen wir das Licht in seinen Augen, kann uns eine Ahnung ergreifen: Gott schaut uns an.

Jeder Mensch, der auf die Welt kommt, sucht sein Leben lang Geborgenheit. Vom ersten Tag an braucht ein Mensch nichts so sehr wie liebende Zuwendung. Jeder Mensch fühlt sich wohl, wenn er Wärme spürt, zärtliche Berührung. In seiner Hilflosigkeit muss sich der kleine Mensch darauf verlassen, dass sich die Mutter, der Vater oder eine andere Bezugsper-

son um das kümmern, was ihm gut tut. In ihrer Liebe weiß er sich geborgen.

Ein selig schlummernder Säugling strahlt Zuversicht aus: Das Leben ist schön. Doch auch dem kleinen Kind bleiben Schattenseiten des Lebens nicht erspart, und es fängt an zu schreien: Ich habe Hunger, ich habe Schmerzen. Ratlos überlegen Eltern hin und her: Es hat doch alles, es hat getrunken, es liegt trocken und warm. Sie fragen sich: Was fehlt ihm nur? Vielleicht ist sein Schreien auch ein Hilferuf nach liebender Nähe: Das Wichtigste, was mir fehlt, das bist du.

Bereits bei einem neugeborenen Kind zeigen sich die Urbedürfnisse des Menschen: das Verlangen nach Nahrung und Zuwendung, das Bedürfnis, angeschaut und angesprochen, umsorgt und umarmt und geliebt zu werden. Das ganze Leben des Menschen ist wie eine Kette von Liebesgeschichten. Dabei kann es zugehen wie im Theater: heitere Lustspiele, aufwühlende Dramen, erschütternde Tragödien.

Der rote Faden

Gibt es einen roten Faden,
der alle Lebenswege durchzieht?
Die Antwort darauf liegt
in der Urerfahrung:

Ich bin geliebt,
darum bin ich da,
und ich möchte geliebt werden,
um lieben zu können.

Du kannst nicht leben
ohne Liebe

Du kannst nicht leben ohne Menschen, die dich mögen, Menschen, die dir von Zeit zu Zeit zu verstehen geben: »Mensch, ich hab dich gern.« Das ist von größter Bedeutung in der Ehe. Das ist eine Lebensnotwendigkeit für ein Kind. Eine Quelle des Glücks für einen alten Menschen. Ein Stück Gesundheit für einen kranken Menschen. Ein stiller Trost für einen einsamen Menschen. Dazu braucht man keine teuren Geschenke, eine kleine Aufmerksamkeit genügt.

Du kannst nicht leben ohne Menschen, die dich mögen. Sieh mal nach, ob vielleicht in deiner Umgebung, in deiner nächsten Nähe Menschen in der Kälte stehen, die ohne deine Liebe nicht leben können. Du hältst ein Stück von ihrem Glück in deinen Händen. Wenn du am Grab eines lieben Menschen stehst, sind es die unterlassenen Zeichen der Liebe, die versäumte

Zuwendung, die vergessene Aufmerksamkeit, die am meisten wehtun. Der einzige Trost, der bleibt und der weit über die Grenzen des Todes reicht, ist die Liebe und Geborgenheit, die du anderen in ihrem Leben gegeben hast. Das einzige, worum es eigentlich geht, ist lieben und glücklich sein.

Liebe findet tausend Wege
zum Herzen des Mitmenschen.
Wege, auf denen du wortlos sagst:
Ich hab dich gern.

Nikolaus

Ich glaube an den Bischof Nikolaus, nicht an den Weihnachtsmann der Supermärkte. Vollbepackt mit kleinen Geschenken, soll er helfen, große Geschäfte zu machen. Der echte Nikolaus ist in größter Gefahr, durch die Werbung umgebracht zu werden.

Ich glaube an den Bischof Nikolaus, der seit Jahrhunderten unter den Menschen einen Geist der Güte und Liebe verbreitet. Der 6. Dezember ist der Tag des Wunders. Die Kleinen staunen vor Freude, die Großen genießen die Freude der Kinder.

Ich bitte den Bischof Nikolaus um eine Brille, um eine besondere Brille für die großen Leute, dass sie etwas weniger aufs eigene Ich und etwas mehr auf die anderen schauen. Ich bitte um das Geschenk eines guten Herzens.

Im Sternenlicht

Seit je haben Sterne die Menschen fasziniert. Schier unvorstellbar ist, was Forscher heute über sie herausfinden. Was wie winzige Lichtpunkte aussieht, sind in Wirklichkeit Riesensonnen.

Zu Weihnachten haben Sterne Hochkonjunktur, Sterne ganz anderer Art, Sterne als Schmuck in der Advents- und Weihnachtszeit. Warum finden das so viele Menschen schön?

Sind Sterne ein Bild unserer Sehnsucht nach einer schöneren Welt voller Frieden, Gerechtigkeit, Liebe?

Unvorstellbar ist, dass Gottes Liebe zu uns als ein Kind kommt, in Windeln gewickelt. Scheinbar nur ein winziger Lichtblick, und doch: In ihm geht auf die Sonne der Gerechtigkeit.

Kontakt aufnehmen

Noch nie wohnten so viele Menschen so eng beieinander wie in den modernen Großstädten und bleiben sich gleichzeitig so fremd. In unserer überfüllten Welt gibt es unzählige Menschen, die einsam sind. Einsamkeit ist die tiefste Not vieler Menschen heute. Der einsame Mensch friert. Ihm fehlt die Wärme eines verständnisvollen, mitfühlenden Herzens.

Darum lade einen Einsamen ein. Aber das ist gar nicht so einfach. Mach es nicht mit der Einstellung: Zu Weihnachten will ich mal was Gutes tun. Keiner möchte als Einsamer behandelt werden, mit dem man Mitleid haben muss. Auch sind nicht alle Alleinstehenden wirklich Einsame. Du musst ein besonderes Gespür entwickeln, um diese zu entdecken und sie anzusprechen, ohne sie zu verletzen.

Der oder die Eingeladene kann jemand sein, dessen Leben von einem schweren Schlag

getroffen wurde und der darüber nicht hinweg-
kommt. Er oder sie kann schon sehr alt sein
oder noch sehr jung und doch schon hilflos.
Lade einen Einsamen ein, nimm ganz normal
Kontakt zu ihm auf, möglichst in deiner Umgebung. Mach es selbst, persönlich, mit ganzem
Herzen, spontan und voller Freundschaft.

Komm, schau über die Mauer,
öffne die Tür deines Herzens.

Menschen glücklich machen

Das Leben ist ein Abenteuer mit Gott und den Menschen. Gott ist immer da. Doch er kommt nicht auf Bestellung, nicht auf Befehl. Wir können ihn nicht zur Rechenschaft ziehen. Keiner hat Gott je gesehen. Aber wenn du an Gott glaubst, wenn du Gott liebst, wirst du seine Spuren in der ganzen Schöpfung, in der Geschichte aller Menschen entdecken. Er selbst wird sich dir offenbaren.

Ich bin Gott überall begegnet. Vor allem habe ich ihn gesehen in den Gesichtern von Menschen, von angeschlagenen und gescheiterten Menschen. Ich begegnete ihnen jeden Tag im *Werkhuis MiN*, der ersten Arbeitsstätte in Belgien für ehemalige Gefangene und Menschen ohne soziale Unterstützung. Sie kamen von überall, der Kanadier mit dem Bart, der behauptete, Filmschauspieler zu sein; Julius, der Staatenlose, mit seinem Rechentalent und ei-

nem fantastischen Gedächtnis. Oft hatte Alkohol ihr Leben, ihre Familie zerstört. Sie kamen aus allen Schichten, alle mit einem Leben wie ein Roman.

Als ich sah, wie in diesen Menschen ein Feuer brannte nach Glück, ein tiefes Verlangen nach Geborgenheit, da wusste ich Gott anwesend mit seiner Frage nach meinem Herzen. Das gab mir den Mut und die Kraft, für die Mitmenschen zu leben.

Mein tiefster Wunsch:
Menschen glücklich machen.

Glücklich sein

Habe ich das Recht, glücklich zu sein, wenn ich täglich mit so viel Elend, Unrecht und Unfrieden konfrontiert werde? Die Frage lässt mich nicht los. Ich fühle jedes Mal Ohnmacht, wenn ich so viel Unglück sehe. Mein tiefster Wunsch: Menschen glücklich machen. Aber ich weiß und habe es oft genug erlebt: Wenn ich selbst entmutigt und enttäuscht dasitze, wenn auch bei mir alle Lichter ausgehen, kann ich keinem Menschen mehr helfen. Gott sagt: Wenn ich die Menschen glücklich sehe, bin ich am Ziel. Der Sinn meiner Schöpfung ist das Glück der Menschen. Und glückliche Menschen brauche ich, um andere glücklich zu machen.

Ich will glücklich sein,
um andere glücklich zu machen.

Der Sinn des Schenkens

Weihnachten ist die Zeit, sich gegenseitig zu beschenken. Du weißt, wie gut das tut: jemandem etwas schenken, der sich darüber von Herzen freuen kann. Geschenke dürfen kein Tauschhandel werden, kein Geschäft mit dem Hintergedanken, sich Menschen zu verpflichten, sie gewogen oder gefügig zu machen. An solchen Geschenken erstickt alle Freude und Freundschaft.

Es ist eine große Kunst, richtig zu schenken, und es ist eine noch größere Kunst, richtig anzunehmen. Vielleicht ist es eine Kostbarkeit, die du bekommst, vielleicht nur eine Kleinigkeit. Sei dir auf jeden Fall bewusst, dass sich da ein lieber Mensch Gedanken gemacht hat, dass er etwas sorgsam ausgesucht und eingepackt hat, um dir eine Freude zu machen. Du bist nicht vergessen.

Hunderte andere werden vergessen, sie bekommen nie etwas, keiner denkt an sie. Sei also

froh, wenn dich jemand gern hat und an dich denkt. Sei dankbar. Und dann gib auch zu erkennen, dass du es zu schätzen weißt, auch wenn es eine Kleinigkeit ist.

Freundschaft
ist das schönste Geschenk,
der Sinn aller Geschenke,
die Menschen einander geben.

Das schönste Geschenk

Lebst du in Frieden, hast du Frieden mit den Menschen um dich herum? Oder liegst du im Streit? Gibt es Menschen, die dich gekränkt haben, die dir Wunden zugefügt haben, die dich ganz tief verletzt haben? Vielleicht die eigene Frau, der eigene Mann, der Sohn, die Tochter? Vielleicht nahe Angehörige, enge Freunde? Dann ist tief in deinem Innern eine offene Wunde, die schmerzt und quält.

Nun bitte ich um etwas sehr Schweres. Es ist ja bald Weihnachten, darum spreche ich es aus: Schenke Vergebung! Sage nicht gleich: »Das ist unmöglich. Ich habe für ihn, für sie alles getan, alles gegeben. Und was hat er, was hat sie getan? Vergeben – nein, das geht nicht.«

Ach, du hast noch nicht alles gegeben. Du gibst erst alles, wenn du Vergebung schenkst. Vergebung ist das schönste Weihnachtsgeschenk. Es ist ein göttliches Geschenk. Und

vergiss nicht: Auch du bedarfst der Vergebung. Halte die Tür zur Vergebung auch offen, wenn der andere nicht reden will und nichts mehr von dir wissen will. Es kann sich dennoch etwas ändern: In deiner Bereitschaft zur Vergebung beginnt sich deine Wunde zu schließen.

Durch Vergebung schließen sich
alle Wunden,
die Liebe kann wieder
aufblühen.

Wärme ausstrahlen

Ein kalter Winter ist etwas Schlimmes. Viel Leid und Not kommt über die Menschen. Aber mit Kohlen-, Öl- oder Gasheizung lässt sich der Winter aus der Wohnung vertreiben. Ein kaltes Herz ist etwas viel Schlimmeres. Mit einem kalten Herzen in der Brust bleibt man ein Eisbär selbst am wärmsten Kachelofen. Wo so ein kalter Mensch auftritt, herrscht eine eisige Atmosphäre, und alle Freude erstarrt. Bei einem kalten Herzen gibt es nichts zu lachen, kein friedliches, freundliches Wort, kein bisschen Glück.

Ein Mann mit einem kalten Herzen kennt keine Gefühle: eine Katastrophe für seine Frau, seine Familie und alle seine Mitmenschen. Eine Frau mit einem kalten Herzen ist hart und verbittert, unleidlich und voller Vorwürfe gegen ihre Umgebung. Bei der kleinsten Unstimmigkeit fällt das Stimmungsbarometer unverzüg-

lich in den Keller. Kalte Herzen machen unsere Welt zu einer Eiswüste. Da kann kein Mensch leben, ein Zuhause finden und sich wohlfühlen. Um Mensch zu werden, brauchen Menschen Wärme und viel Liebe. Sei sanft und einfühlsam, lass keinen in der Kälte stehen.

Liebe heißt: ein Herz haben füreinander.
Wärme ausstrahlen und keinen verletzen.
Feuer sein und niemanden verbrennen.

Sei sanft!

Du weißt, wie klein, wie arm, wie einsam die Menschen sind, wie empfindlich und verletzlich. Du weißt, dass es Tränen gibt, und keiner kann trösten. Du weißt, es gibt kaum größere Traurigkeit als in einem Herzen, das keiner versteht. Du weißt, für manche Menschen ist das Leben eine unerträgliche Qual.

Sei sanft! Tu dein Bestes, um die Menschen zu begreifen, um zu helfen. Geh hinein in ihr Leid, in ihre Verlassenheit. Steig herab von dem Hügel deiner Selbstgenügsamkeit ins Tal der Menschen, die allein sind und die leiden, zu den Menschen in der Ebene ohne Schutz und ohne Geborgenheit. Sei nicht hart, sei auch nicht hart in deinem Urteil.

Sei sanft! Suche in den oft so törichten Leidenschaften der Menschen ihr Heimweh nach Glück zu verstehen. Dann wirst du selbst glücklich sein. Dann kommen in deine eigene Ein-

samkeit und Schwachheit wunderbare Augen-
blicke, die dich herausheben aus dem täglichen
Trott des Lebens. Du wirst ein Herz haben, das
alle Menschen in die Arme schließt. In der
Sanftmut liegt der unendliche Trost für alle
Menschen, die in unserer frostigen Gesellschaft
frieren.

Geborgen sein

Jeder Mensch, der auf die Welt kommt, ist sein Leben lang auf der Suche nach Geborgenheit. Jeder Mensch braucht ein warmes Nest, einen sicheren Hafen. Ein Zuhause ist eine elementare Notwendigkeit und darum ein Grundrecht des Menschen. Wenn Menschen unmenschlich werden, fangen sie an, andere auszugrenzen, abzuschieben und abzustoßen. Dann müssen Menschen vor Menschen fliehen. Menschen werden einsam, entwurzelt und heimatlos. Sie wissen nicht mehr, wo sie hingehören.

Das Drama unserer Zeit ist, dass wir einander keine Geborgenheit mehr geben können. Ein Zuhause findest du nur bei einem Wesen mit einem Herzen, das für dich schlägt. Wir können einander kein Zuhause mehr geben, weil wir selbst nicht mehr geborgen sind, weil wir die Liebe verlernt haben, weil wir die Quelle aller Liebe, Gott, verlassen haben. Versuche in

stiller Zuwendung zu Gott die Liebe wiederzu-
finden. Wenn du in Gott geborgen bist, kannst
du auch deinen Mitmenschen Wärme, Geborgenheit, ein Zuhause geben. Und so wirst du
glücklich werden.

Wo wir Wärme und Geborgenheit finden,
wo Vertrauen zueinander herrscht,
liebevolle Sorge füreinander,
wo jeder für jeden ein Herz hat,
da sind wir zu Hause.

Sehnsucht

Der Mensch – ein kleines wunderliches Wesen:
immer auf der Suche und voller Probleme. Das
Heimweh nach dem verlorenen Paradies ist
ihm tief ins Herz geschrieben. Menschen sind
wie große Kinder: das Leben lang auf der Suche
nach Wärme, Glück, Liebe; auf der Suche nach
einem Zuhause; auf der Suche nach einem Wesen, das sie gern hat, bei dem sie sich sicher und
geborgen wissen.

Menschen suchen ihr Leben lang auf vielen
Wegen, Umwegen und Irrwegen einen blei-
benden Ort, einen Heimathafen, einen Tisch
mit Brot und Wein, ein Herz, eine sanfte Hand,
eine stille Gegenwart, die bleibt, auch wenn die
Worte verstummen. Aber das Leben lehrt, dass
Menschen für Menschen nur ein Zwischenha-
fen sind, ein Anlegeplatz auf Zeit, wie schön er
auch sei.

Menschen suchen, ob sie darum wissen
oder nicht, im Grunde den großen Strom,
der sie ans andere Ufer bringt,
zum endgültigen Hafen,
wo sie für immer geborgen sind,
zu dem Hafen voller Licht und Liebe,
den ich Gott nenne.

Weihnachtsstimmung

Ist dir nach Weihnachten zumute? Bist du schon auf die Feiertage eingestellt und einge-stimmt? Hast du die Menschen gesehen, wie sie in diesen Tagen vor dem Fest die großen Ge-schenkpakete schleppen? Ist es nicht manchmal zum Lachen? Was wollen sie eigentlich? Doch wohl etwas, das mit Freude, mit Frieden zu tun hat. Aber findet man das auf dem vollen Gaben-tisch, an der großen Festtafel?

Weihnachten ist doch nicht das Fest des Bratens unterm brennenden Lichterbaum. Auch nicht das Fest schöner Gefühle. Weih-nachten ist das Fest des hilflosen Kindes, der leeren Futterkrippe, der Familie, die auf der Straße steht. Das Fest eines Gottes, der sich den Armen zuwendet, den Verlassenen, Ausge-stoßenen, Einsamen.

Eine große innere Freude und einen tiefen Frieden werden die Menschen finden, die in

der Welt von heute Liebe spürbar machen, nicht mit schönen Worten, sondern mit der Tat. Geld und organisierte Hilfe allein werden Not und Elend und Einsamkeit nicht verringern. Viel wichtiger sind lebendige Menschen mit offenen Armen und einem großen Herzen.

Weihnachten heißt:
Alle Gewalt ablegen
und Frieden im Herzen tragen.

Friede auf Erden

Zu Weihnachten wird viel vom Frieden geredet und von den Menschen guten Willens. Schaut man auf die vielen Krisen- und Kriegsgebiete in der Welt, wo Mord und Totschlag, Hunger und Flucht herrschen, und sieht man in nächster Nähe, wie Beziehungen zerbrechen, wie Gleichgültigkeit, Rücksichtslosigkeit, unverhüllte Gier und Gewalt zum Alltag gehören, dann fragt man sich, wo sie denn zu finden sind, die Menschen guten Willens.

Bei den einfachen Menschen sind sie zu finden, die ein Herz aus Gold haben und die es zu Wort kommen lassen in Taten der Liebe. Einfache Menschen sind wunderbare Menschen. Sie breiten Flügel aus über die Unsicherheit ängstlicher Menschen. Auf den Schultern ihrer Freundschaft tragen sie hilflose Menschen. Sie sind Oasen in unserer Wüste. Sie sind Sterne in unserer Nacht. Sie

sind die einzigen Lungen, durch die unsere Welt atmen kann.

Wenn du an Weihnachten nichts anderes suchst als einen Tisch mit Essen und Trinken, ein nettes Lokal, ein gemütliches Hotel, dann wirst du keinen Frieden finden. Unbefriedigt wirst du jedes Mal nach einem neuen Festessen verlangen, einem besseren Restaurant, einem raffinierteren Genuss, einer sensationelleren Abwechslung. Immer wirst du unbefriedigt bleiben. Erst wenn wir uns von der Zwangsjacke dieses Erlebnishungers frei machen und uns anderen in Güte zuwenden, werden wir Frieden finden.

Weihnachten heißt:
Mit sanften Händen
Friede über die Erde schreiben.

Friedensengel

Die große Sehnsucht der Menschheit: eine Welt ohne Krieg. Täglich erfahren wir, dass gekämpft wird: um die Macht im Staat, um die Wählerstimmen, um den Arbeitsplatz, um den Umsatz, um eigene Vorteile, eigene Interessen.

Es geht auch anders. Es gibt auch Menschen, die unter allen Umständen Respekt bewahren vor der Würde eines anderen Menschen, auch der Andersdenkenden und Andersglaubenden. Es gibt auch Menschen, die nicht Feindschaft schüren, sondern Freundschaft schließen, die verbinden und nicht auseinanderreißen, die gute Taten mit guten Worten verbinden.

Solche Menschen sind Friedensengel.

Engel haben gute Augen,
sie sehen die Not der Menschen,
besonders die verborgene Not.

Engel haben gute Ohren,
sie können zuhören und achten auch
auf das unausgesprochene Leid.

Engel finden die richtigen Worte,
die trösten und Mut machen.

Engel sind Wegweiser.
Sie gehen mit Engelsgeduld vor.

Wir brauchen viele Friedensengel.

Fest der Liebe

Weihnachten: Das Fest der Liebe. Ich muss nicht meinen, mit der Liebe sei ich fertig, wenn ich keinem etwas Böses tue und jeden leben lasse. Wenn bei mir alles wohl versorgt und gut gesichert ist unter der gläsernen Glocke meiner privaten Sphäre. So leiste ich meinen Beitrag zu der großen Gleichgültigkeit, durch die das Miteinander von uns Menschen verkümmert.

Will ich wirklich lieben, muss ich mich um andere kümmern: aufmerksam, einfühlsam, erfinderisch. Sich um andere Menschen kümmern, das reißt mich aus meiner Enge heraus. Ich darf mich davor nicht drücken, auch dann nicht, wenn meine schönen eigenen Pläne, wenn meine Ruhe und Behaglichkeit dadurch gestört werden. Sich um andere kümmern ist die Frucht von echter Liebe.

Sich um andere kümmern
kann schwerfallen und wehtun,
aber es führt wunderbare Gaben mit sich.
Es bringt Leben und Farbe
in mein Dasein und manchmal,
in glücklichen Augenblicken,
ein Gefühl unermesslicher Dankbarkeit.
Sich um andere kümmern
ist ein Vorgeschmack vom Paradies.

Ein kleines Licht

Das Gute, das Menschen in Freundschaft und Liebe anderen erweisen, lässt sich nicht oberflächlich messen. Es liegt tiefer, es ist wie ein unsichtbarer Golfstrom. Man spürt seine Wärme an den Küsten einer Welt, die schon zu lange leidet unter der Kälte der Menschen.

Du lebst doch nicht für dich allein. »Jeder für sich«, das ist das Tor zur Hölle. Deine Aufgabe ist es, jeden Tag Liebe zu verwirklichen, Liebe konkret werden zu lassen, der Liebe Gesicht und Gestalt zu verleihen. Ganz gleich, ob du Minister oder Müllarbeiter, Reinemachefrau oder Geschäftsführerin bist. Die Welt muss durch dich besser werden.

Gott ist Liebe: für dich und für mich, in dir und in mir. Sie soll sichtbar und greifbar werden in guten Taten, in Freundlichkeit und Güte, im Verständnis für andere, in der Vergebung, die wir schenken, in dem Trost, den wir bringen.

Verkriech dich nicht in die Kälte der Gleichgültigkeit und Abneigung, flüchte dich nicht hinter die Mauern von Hass und Neid, verlier dich nicht in den dunklen Gefühlen von Feindseligkeit und Vergeltung. Fülle vielmehr deinen Geist, dein Herz und deine Hände mit Liebe. Verlasse deine Barrikaden, und Gott wird nicht nur durch dich, sondern auch in dir Wunder wirken. Niemand wird es wissen, aber an Weihnachten wird dein Herz übervoll sein von Freude.

Ein guter Mensch
ist wie ein kleines Licht,
das durch die Nacht
unserer Welt wandert
und auf seinem Weg
verloschene Sterne wieder anzündet.

Orientierung

Um uns in der Fremde zurechtzufinden, brauchen wir Orientierung. Leuchttürme zeigen Schiffen den Weg zum Hafen. Modernste Technik weist Autofahrern die Route zu ihrem Ziel.

Um uns im Leben zurechtzufinden, brauchen wir Orientierung. Es ist schlimm, wenn Menschen in Alter und Krankheit die räumliche und zeitliche Orientierung verlieren, wenn sie nicht mehr wissen, wo sie sind oder was sie gestern gemacht haben. Aber noch schlimmer ist es, wenn gesunde Menschen die Orientierung verlieren, wenn ihnen alles egal ist, sinnlos, vergeblich.

Um Licht zu sehen, brauchen wir Augen. Um Liebe zu erfahren, brauchen wir ein Herz. Die Qualität unseres Lebens hängt nicht nur von Gesundheit, Leistung oder vom Geld ab, auch wenn das viele heute meinen.

Worauf es ankommt, ist viel mehr die Qualität unseres Herzens, die Fähigkeit, aus Liebe und mit Liebe zu leben. Solche Menschen haben Ausstrahlung. Sie verbreiten Licht und Zuversicht.

Verbreite Licht,
sei ein kleiner Stern!
Vielleicht braucht dich jemand
in seiner Nacht.

2

Ein Stern genügt, um an das Licht zu glauben

Die Kunst des Lebens

Ich liebe die Menschen, die um mich leben. Ich liebe die Freude, so kommt die Freude zu mir. Ich liebe die Freundschaft, so pflücke ich Sterne. Und so ist mein Tag voller Seligkeit.

Ich brauche nichts zu besitzen, um an allem Freude zu haben. Es gibt so viele Überraschungen, so viel Gutes, wenn ich auf die kleinen Dinge schaue und auf die kleinen, die einfachen Menschen.

Es gibt so viele Wunder, die ich entdecken kann mit offenen Augen und mit geschlossenen Augen.

Es liegt in allen Dingen
eine Erinnerung
an das verlorene Paradies.

Weihnachtsfreude

Um an Weihnachten glücklich zu sein, brauchst
du keine Traumreise und kein Festmenü. Kein
einziges leeres Herz wird voll von Glück durch
das Ausgeben von viel Geld für teure Geschenke. Um an Weihnachten glücklich zu sein,
brauchst du Licht und Wärme. Du brauchst
Licht im Herzen, um Sinn in deinem Leben zu
sehen, und du brauchst die Wärme lieber Menschen, die dich gern haben.

In Armut und Kälte ist einer in die Welt zu
allen Menschen gekommen, der mit seinem
ganzen Leben Licht und Wärme sein wollte.
An einem Kreuz hat er die Welt wieder verlassen. Wenn du offen bist für das Geheimnis dieses Menschen, offen wie ein Kind, wirst du
Licht empfangen und die Wärme spüren.

Vielleicht fühlst du nichts, vielleicht hängst
du noch an zu vielen materiellen Dingen. Jede
Stelle, wo du angekettet bist, wirkt wie ein

Kurzschluss. Ich wünsche dir in diesen Tagen viel Licht im Herzen, dass du im Dunkel um dich herum ein paar Sterne anzünden kannst, und viel Wärme in dir, um Menschen aus der Kälte herauszuholen.

Lasst uns unsere Lampe anzünden
an dem Stern von Betlehem
und in Stille durch die Nacht gehen.
Wir müssen uns nicht unentwegt fragen,
ob das wohl alle Finsternis vertreibt.

Gut leben

Jeder möchte gut leben. Doch wie geht das: gut leben? Viele denken: viel Geld, viel Erfolg, viel Spaß haben, aber auf jeden Fall möglichst viel Gesundheit und möglichst wenig Ärger und Sorgen.

Werden wir damit allein schon wirklich glücklich? Was unser Leben im Grunde gut macht, müssen wir nicht weit weg suchen. Es liegt in jenem Grund unseres Wesens, in dem unser Denken, Fühlen und Verlangen seine Wurzel hat: im Herzen.

Unser Herz verlangt nach einem Du, das zu ihm sagt: »Wie gut, dass du da bist!« Unser Herz fühlt sich gedrängt, darauf zu antworten: »Wie gut, dass es dich gibt!«

Zustimmung im Herzen, damit lässt sich gut leben. Zustimmung zum Leben, auch wenn es schwer wird, Zustimmung zum Leben anderer Menschen, auch derer, die es uns nicht

leicht machen, auch das meint das kleine Wort
»Liebe«. Nur mit den Augen des Herzens sehen wir gut. Nur aus der Kraft der Liebe leben
wir gut. Liebe ist das Ziel des Lebens. Wer für
etwas anderes lebt, kommt stets betrogen heraus.

Wer liebt, dem wachsen Kräfte.
Was die Liebe trägt, ist niemals eine Last.
Wer liebt, der vermag alles.

Ratschläge fürs Glücklichsein

Glück und Unglück sind deine eigenen Kinder, Kinder deines eigenen Herzens und deines eigenen Kopfes. Weißt du, dass dein Glück zum großen Teil davon abhängt, an was du denkst? Ist dir noch nie aufgefallen, dass dir der Appetit vergeht, wenn du mit trüben Gedanken herumläufst? Denkst du nur an Unglück und Schicksalsschläge, die über dich hereinbrechen könnten, dann kannst du nicht mehr schlafen. Die Folgen düsterer Gedanken: Du bist bedrückt, niedergeschlagen, lebensmüde.

Fülle deinen Kopf mit optimistischen Gedanken und dein Herz mit aufrichtiger Nächstenliebe. Leg eine Liste an mit Dingen, die dir Freude machen, und sei dankbar. Such dir ein paar Menschen aus, und sei zu ihnen heute mal besonders nett. Deine Umgebung, dein Mann, deine Frau, deine Kinder, deine Nachbarn und Kollegen sollen heute mal ein frisches, freund-

liches Gesicht von dir zu sehen bekommen. Du wirst merken, wie die Sonne der Sympathie die dunklen Wolken der Sorgen und schlechten Launen vertreibt.

Lerne, gut zu sein.
Fang mit einem Lächeln an.
Güte erobert alle Herzen.
Ein freundliches Gesicht ist ein Segen
für deine ganze Umgebung.

Es ist nicht zu spät!

Das Schlechteste, was du haben kannst, ist ein schlechtes Gewissen. Es ist wie ein Geschwür in deinem Innern. Du kannst es zwar verbergen und übertünchen, indem du äußere Formen wahrst, dir nichts anmerken lässt, dir die Maske des selbstsicher Strahlenden aufsetzt. Dennoch wird es dich langsam, aber sicher zerfressen. Du wirst unruhiger, lachst weniger, bist öfter schlecht gelaunt und leicht gereizt. Ein schlechtes Gewissen ist für deine Seele, was eine schlechte Verdauung für deinen Leib ist: der Anfang von einem Haufen Ärger und Unglück.

Mit einem reinen Gewissen scheint die Sonne für dich viel schöner, sind die Menschen viel freundlicher, die Abende ruhiger und die Nächte voll Frieden. Mit einem reinen Gewissen bleibst du jung und froh, bist du jeden Tag im siebten Himmel.

Sorge also nicht nur für Essen, Wohnung, Kleidung, sondern geh tief in die Kammer deines Herzens. Raffe dich auf zu einem Großreinemachen. Schaffe wieder Platz für Gott. Er liebt dich von Kindesbeinen an. Er steht an deiner Tür und wartet mit seinem Frieden.

Es ist nie zu spät, sich zu versöhnen.
Denn es ist nie zu spät, zu lieben.
Es ist auch nie zu spät,
glücklich zu sein.

Das Gedächtnis des Herzens

Hast du ein gutes Gedächtnis, oder ärgerst du dich manchmal über vergessene Namen und Termine? Es gibt ein Gedächtnis, das hängt mit dem Kopf zusammen: Manche können ganz leicht behalten, andere können sich nichts merken. Es gibt aber noch ein anderes Gedächtnis. Es hat Wurzeln, die viel tiefer gehen, bis ins Herz.

Wer war gut zu dir? Wer hat dich umsorgt, als du klein warst? Wer war lieb und freundlich zu dir, als du größer wurdest? Wer hat dir geholfen, als du verzweifelt warst? Wer dachte an deinen Geburtstag oder Namenstag, wer hat dir zu Weihnachten eine Freude gemacht? Oder kannst du dich an nichts mehr erinnern?

Dankbarkeit ist das Gedächtnis des Herzens. Du musst nicht reich sein, um dankbar zu sein. Du musst nur ein gutes Herz haben, das wahrnimmt, wenn andere gut zu dir sind. Un-

dank gehört zu den hässlichsten und schmerz-
lichsten Dingen, die es gibt. Undankbare sind
blind, sie merken nichts. Als ob sie unfähig wä-
ren, Freude zu empfinden, Freude zu zeigen
und anderen Freude zu machen.

In diesem Monat der Geschenke
lerne dankbar zu sein.
Zeige, dass dein Herz
ein gutes Gedächtnis hat.

Gratis

Die wesentlichen Dinge des Lebens
sind umsonst.
Sie werden dir gratis gegeben.
Der Schoß deiner Mutter.
Eine Mutter, die singt.
Die Sonne und die Freundschaft.
Ein Platz am Tisch
und eine herzliche Umarmung.
Das Lachen eines Kindes.
Das Lied eines Vogels.
Das Plätschern des Baches.
Der Saft in den Bäumen.
Die Wogen des Meeres.
Der Tag und die Nacht.
Die Ruhe und die Stille.
Das Leben und das Sterben.
Das Menschsein auf Erden.
Über alle Dinge, die gratis sind,
kannst du allein in Liebe verfügen.

Nichts festhalten

Wer je über das Leben nachdenkt, stößt unvermeidlich auf die grundlegende Ohnmacht des Menschen. Jeden Tag passieren viele Dinge, bei denen du nichts machen, nichts ändern, nichts verhindern kannst, ob du viel oder wenig Geld hast, ob du einsam und bedrückt oder scheinbar unbeschwert und sehr erfolgreich bist. Menschen sind Verlierer. Du kannst nichts festhalten. Alles fällt dir durch die Finger.

Du träumst, du baust, du feierst Triumphe, und auf einmal ist das Leid da, das Alter, die Nacht. Du kennst Menschen mitten im Leben, jung und alt, die ausfallen, verschwinden, nie mehr zurückkommen, vielleicht sehr liebe, nahestehende Menschen. Du möchtest sie festhalten, so wie dich selbst. Du möchtest, dass ein glücklicher Augenblick nie vergeht, dass ein schöner Tag nie endet. Und doch musst du loslassen, an jedem Abend einen jeden Tag. Wenn

du deine völlige Ohnmacht erfahren hast, wirst du reif für Gott, und alles bekommt Sinn und Ziel: deine Angst, dein Leid, dein Gesundsein, dein Kranksein, dein Leben und dein Sterben.

Als ich ärmer, schwächer
und machtloser wurde,
wurde alles einfacher.
Ich öffnete die Fenster meines Herzens
und sehnte mich brennend nach Licht.
Und es wurde mir alles gegeben.

Keine Nacht ist ohne Stern

Es gibt Tage im Leben, da bedrücken dich Kummer und Sorgen so sehr, dass sie dir den Schlaf und den Appetit rauben.

Ein Kleid, eine Jacke, die zu eng geworden sind, oder Schuhe, die drücken, die zieht man aus. Aber Kummer und Sorgen fressen sich tief in dein Inneres ein. Sie nagen unentwegt an deinen Nerven, sie saugen aus dir alle Lebensfreude aus.

Was wirst du dagegen tun?

Suche keine Betäubung! Betäubung durch Alkohol, durch Medikamente, durch Drogen ist keine Heilung. Hört die Betäubung auf, wird alles nur noch schlimmer.

Vergiss das Gute nicht! Jeden Tag geschehen im Verborgenen Wunder. Jeden Tag gibt es tausend kleine Freuden zu entdecken, auf die du nur nicht mehr geachtet hast.

Öffne deine Augen für die Not anderer! Geh aus dir heraus, versetze dich in die Situa-

tion anderer. Schenke denen ein wenig Liebe,
die zu wenig geliebt werden.

Die Nacht kann nicht so dunkel sein,
dass nicht irgendwo
ein Stern zu finden wäre.
Die Wüste kann nicht so trostlos sein,
dass nirgends eine Oase
zu entdecken wäre.
Es gibt Blumen,
die blühen selbst im Winter.

Ein Stern genügt

Was auch geschehen mag, verliere nie den Mut! Wenn dich Menschen im Stich gelassen haben, wenn die Sonne aus deinem Leben verschwunden ist, dann suche den Stern, den Gott eigens für dich entzündet hat. Wenn du mit leeren Händen dastehst und ihm nichts anzubieten hast, dann sei gewiss: Gott verlangt von dir keine stolze Ernte und keine wohlgefüllten Scheunen.

Wenn die Herzen bei dir zu Haus hart sind wie Stein, wenn du vor verschlossenen Türen stehst, wenn man nirgends mehr öffnet, so sehr du auch klopfst, dann wende dich nicht in grenzenloser Bitterkeit ab. Prüfe dein eigenes Herz, und mach es bereit für das Weihnachtsfest. Gott mag dich. Er wird irgendwo und irgendwie ein Menschenherz anrühren, um dich das wissen zu lassen. Der Regen wird aufhören. Die Kälte wird vorbeigehen.

Wenn du deine Botschaft in eine Wüste bringen sollst, wo niemand da ist, der zuhört, dann sei gewiss: Gott hat verborgene Antennen aufgestellt, die jedes Wort aus deinem Herzen auffangen und weitergeben über alle verdorrten, unfruchtbaren Felder hinweg zu dem Stückchen Erde, wo die neue Welt geboren wird.

Es genügt schon ein einziger Stern
in der Nacht, um wieder
an das Licht zu glauben.

Tröstende Zärtlichkeit

An Tagen tiefer Trauer kann man nicht einfach sagen: Es wird schon wieder werden, das Leben geht weiter. Trösten heißt nicht beschönigen und verharmlosen, sondern unaufdringlich nahe sein, mitfühlen, mitleiden und vor allem mithoffen. Trost wurzelt im Vertrauen. Darin finden wir trotz aller Erschütterungen Halt.

Eine Quelle des Trostes können auch die Wunder der Schöpfung sein: eine Blume, ein Baum, ein Bach, ein Vogel, ein Sonnenstrahl, ein Stern in der Nacht. Wortlos können sie für uns Botschafter der Zustimmung zum Leben werden. Wir schöpfen neue Kraft, zu tun, was zu tun ist, hinzunehmen, was wir nicht ändern können, und bei allem Leid dennoch getrost zu leben.

Jeder Mensch fühlt sich wohl, wenn er Wärme spürt, ein liebevolles Wort, eine zärtliche Berührung. Das erfährt schon ein Säugling

an der Brust seiner Mutter. Davon können Liebende ein Lied singen. Und selbst Sterbende brauchen in ihrer Todesangst nichts so sehr wie den Trost menschlicher Nähe, die Zärtlichkeit einer Hand auf ihrer kraftlosen Hand.

Menschen sind empfindlich. Schon ein hartes Wort, ein ungerechter Vorwurf, eine Rücksichtslosigkeit oder Gleichgültigkeit kann tiefe Wunden hinterlassen. Selbst das größte Raubein kann wie eine überempfindliche Mimose reagieren.

Zärtlichkeit ist nicht Kraftlosigkeit, sondern sanfte Energie. Zärtlichkeit ist nicht gefühlvolle Aufdringlichkeit, sondern das Fingerspitzengefühl, das bei aller Nähe um Abstand weiß und die Freiheit des anderen wahrt. Zärtlichkeit ist eine schwere Kunst. Sie gehört zur Kunst des Lebens und des Liebens.

In der Stille

Wenn du müde geworden bist vom Laufen nach den Sternen, um den Menschen in der Nacht ein wenig Licht zu bringen, dann setz dich in der Stille nieder und lausche auf die Quelle.

Wenn du tief genug vordringst zum Kern der Dinge, bekommst du Augen, um unsichtbare Dinge zu sehen, und Ohren, um lautlose Dinge zu hören.

Wenn die Lichter der Menschen verlöschen und der Lärm der Welt verstummt, dann sehen wir wieder die Sterne, dann hören wir wieder die Stille.

Es gibt Sterne in der Nacht, die wir noch nie gesehen haben. Wenn es noch dunkler wird, sehen wir sie. Hoffnung ist da, ein Ausweg, denn du siehst weiter. Du schaust wieder nach oben.

In der Nacht

Wenn dein Leben in eine schwarze Nacht gerät, wenn du nicht mehr ein noch aus weißt, wenn alle Lebensfreude, aller Lebensmut erlischt, versuche, das gewohnte Leben durchzuhalten.

Hab Geduld mit dir selbst und warte, bis es heller wird. Warte mit Veränderungen und Entscheidungen. Warte, bis du wenigstens eine Nacht geschlafen hast. Eine Nacht gut schlafen löst manches Problem.

Die Nacht kann nicht so dunkel sein, dass nicht irgendwo ein Stern zu finden wäre. Die Wüste kann nicht so trostlos sein, dass nicht irgendwo eine Oase zu entdecken wäre.

Stehst du mit leeren Händen da, dann wisse: Wenn du alle deine Karten ausgespielt hast, hat Gott immer noch einen Trumpf im Ärmel.

Von Zeit zu Zeit musst du lernen,
blind zu fliegen wie Piloten im Nebel.
Du weißt, was du gewöhnlich zu tun hast.
Tu es blindlings.
Ohne zu denken. Ohne zu grübeln.
Vertrau auf die Führung eines anderen.
Hab Geduld – auch mit dir selbst.

Heilige Nacht

Wenn Weihnachten naht, kommt manches zum Vorschein. Menschen zeigen sich von ihrer besten Seite. Durch die Lande geht eine Welle der Hilfsbereitschaft, wie die Welle der Begeisterung in Fußballstadien.

Aber wir wissen, dass Menschen auch ganz anders sein können. Wo Menschen leben, gibt es auch böse Worte und böse Taten. Viele leben mit Wunden in ihrem Herzen, die nicht heilen wollen und zu Weihnachten besonders schmerzen.

Was machen wir, wenn es dunkel wird in unserem Leben? Wenn wir nichts mehr sehen und schwarze Ängste uns überfallen? Als kleine Kinder klammerten wir uns an die Hand des Vaters oder krochen zur Mutter ins Bett. Manchmal möchten auch Große am liebsten die Bettdecke über den Kopf ziehen und nichts mehr hören und sehen. Gegen das Dunkel in der Wohnung können wir Lampen einschalten.

Aber gegen das Dunkel im menschlichen Leben hilft keine künstliche Beleuchtung.

Weihnachten geschieht mitten in der Nacht. In dieser Nacht ist Gott selbst in unsere dunkle Welt gekommen. Jetzt ist sein Licht da. Ein wunderbares Licht, das die Schrecken aller Menschennächte vertreibt. Die Nacht wird zur »Heiligen Nacht«. Wir brauchen das Dunkel nicht mehr zu fürchten.

3

Jedes Herz kann eine Krippe sein

Die Liebe kommt zur Welt

Weihnachten ist mehr als ein schönes Gefühl, mehr als eine Kindheitserinnerung, ein Souvenir aus einer fernen Vergangenheit. Weihnachten ist auch nicht das, was man wochenlang in den überfüllten Geschäftsstraßen sehen kann: Tausende von Lichtern, Weihnachtsbäume, glitzernde Schaufensterauslagen. Alles fordert auf, zu kaufen und zu kaufen. Eine märchenhafte Traumwelt und eine Provokation der Menschen in Not, denn für sie ist solche Demonstration von Überfluss und Luxus nur deprimierend, sie spüren ihr Elend nur noch schmerzlicher.

Menschen suchen von Zeit zu Zeit die Eintönigkeit ihres Alltags, die Einsamkeit ihres Daseins zu durchbrechen und ein schönes Fest zu feiern. Wenn aber Weihnachten mit überfüllten Bäuchen und ausgeleerten Flaschen endet, ist Weihnachten kein Fest der Freude

mehr, sondern ein Fest der Leere. Dann geschieht an Weihnachten nichts. Es ändert sich nichts. Alles bleibt genauso trist und trostlos, trotz Weihnachtsbäumen und Weihnachtsmännern und allem Glitzerglanz, der so viel Geld kostet.

Weihnachten ist das Rufen Gottes nach Liebe unter den Menschen, nach Verständnis und Hilfsbereitschaft, nach Vergebung und Versöhnung, nach Frieden und Freundschaft. Gott kommt, dass die Menschen ihm ihr armes Menschenherz öffnen, um Liebe zu empfangen. Liebe soll immer mehr das Leben der Menschen bestimmen. Jeden Tag wird das Leben zu einer neuen Herausforderung: Raum zu schaffen für die Liebe, Raum für Gott, der Liebe ist.

Mut und Vertrauen! Gott hört uns, auch wenn wir nicht sprechen können. Gott sieht uns, auch wenn wir blind sind. Gott lässt seine Sonne scheinen, auch wenn wir uns im Schatten verkriechen. Sollte er, der dem Menschen das Denken gab, nicht selbst denken können?

Sollte er, der dem Menschen Augen und Ohren gab, nicht selbst sehen und hören können? Sollte er, der dem Menschen ein Herz für die Liebe gab, nicht selbst unendliche Liebe sein? Ich sage jeden Tag zu Gott: »Du bist wunderbar.« Je mehr ich das sage, desto mehr lässt er mich Wunder seiner Liebe sehen.

Weihnachten:
Wir treten ein
in den Traum Gottes
vom Himmel auf Erden.

Ein Traum vom Paradies

Weihnachten feiern heißt: in Stille und Nach-
denklichkeit eintreten in den Traum Gottes.
Gott träumte von einer Erde, als sie noch ein
Paradies war, von der Zeit, bevor Kain seinen
Bruder Abel erschlug. Gott träumte, dass
Menschen nicht mehr einander abstoßen und
abschieben, dass sie sich nicht mehr gegenseitig quälen und abschlachten oder verhungern
lassen.

Gott träumte von einer Welt, in der Menschen wie wahre Geschwister leben: miteinander, eine große Familie, keine Armen und keine
Unterdrückten mehr, keine Verfolgten und
keine Flüchtlinge mehr, keine Einsamen mehr.

Der Traum Gottes war ein fantastischer
Traum, aber er wurde von Menschen zerschla-
gen. Und dennoch hat Gott in jedes Menschenherz das Heimweh nach dem verlorenen Paradies gelegt, das Heimweh nach etwas Glück auf

Erden. Ja, er kommt selbst auf die Erde, um seinen Traum zu verwirklichen und das Antlitz seiner Schöpfung zu erneuern.

Weihnachten ist der Durchbruch des Lichtes und der Liebe auf unserem kalten Planeten.

Ohne Sonne ist die Erde
kalt, unbewohnbar.
Liebe auf Erden
ist wie die Sonne.
Wer die Liebe hat,
dem kann viel fehlen.
Wem die Liebe fehlt,
dem fehlt alles.

Die Ökonomie der Liebe

Was feiern wir an Weihnachten? Ein unglaubliches Geschehen: den Durchbruch Gottes, der Liebe ist, auf unserem kalten Planeten. Weihnachten ist die Geburt des Christentums: Wir glauben an einen Gott, der Liebe ist und der will, dass seine Liebe überall auf Erden spürbar wird, wo Menschen leben, in ihren Häusern und auf ihren Straßen.

Das Geheimnis der Menschwerdung: Gott wollte Mensch werden in Jesus von Nazaret, um seiner Liebe Hand und Fuß zu geben und die Wärme eines Menschenherzens. In der Ökonomie dieser Liebe ist man aufgerufen, mehr zu geben, als was man besitzt. Man muss sich selbst geben. Darin liegt das größte Wagnis des menschlichen Herzens.

Liebe im Christentum, das ist die Liebe Gottes, die Mensch werden will in Menschen. Diese Liebe ist uneingeschränkt und uneigen-

nützig. Sie setzt Anspruchslosigkeit voraus, Einfachheit und Hingabe. Sie verlangt eine ständige persönliche Umkehr. Mit dieser Liebe sind wir niemals fertig.

Weihnachten: ein fantastischer Versuch,
unsere Welt wieder bewohnbar,
wieder lebbar zu machen
für arme, kleine, verwundbare Menschen.

Überall ist Betlehem

Gott will auch heute seine Liebe Mensch werden lassen: in Menschen heute. So ist Weihnachten an kein Datum und an keinen Ort gebunden. Weihnachten kann an tausend Orten geschehen. Jedes Dorf und jede Stadt – auch unser Ort – kann Betlehem heißen, und jedes Herz – auch unser Herz – kann eine Krippe sein, worin die Liebe geboren wird. Dann muss nie mehr ein Mensch in der Kälte geboren werden, dann muss nie mehr ein Mensch in der Kälte leben, und nie mehr muss ein Mensch allein und in der Kälte sterben.

Lieber Mensch, lass Weihnachten tief in deinem Herzen geschehen. Lass die Liebe geboren werden, eine Saatkorn-Liebe. Das ist eine andere Liebe, als die Welt sie anpreist. Saatkorn-Liebe ist die Liebe eines Menschen, der sich für andere verzehrt, der sogar bereit ist, zu leiden und zu sterben, damit andere leben

können. Eine solche Liebe macht den Kern des Christentums aus. Weihnachten ist eine einzigartige Gelegenheit, vielen kleinen Saatkörnern von Liebe wieder etwas Wasser zu geben.

Lasst uns gemeinsam den Weg
durch die Wüste unserer Zeit gehen.
Säen wir rechts und links ein paar Blumen,
hängen wir für Menschen in der Nacht
ein paar Sterne an den Himmel.
So bauen wir gemeinsam eine kleine Oase.
Jede Oase kann Betlehem heißen,
denn da wird die Liebe geboren.

Geburtstag feiern

Gott ist Mensch geworden. In Jesus hat er ein Gesicht wie wir, Hände und Füße wie wir und ein Herz wie unser Herz, um mit uns alle Freude und allen Schmerz mitfühlen zu können. Gott wurde ein armer Mensch. Er legt keinen Wert auf Reichtum, Wohlstand und Bequemlichkeit.

Weihnachten ist Gottes Geburtstag auf Erden, der Geburtstag von Gottes unglaublicher Liebe, die nicht grübelt und rechnet und die kein Maß kennt. Weihnachten: das Abenteuer eines Gottes, der nahe sein will, nicht weit weg, in Wolken verborgen. Er kommt nicht wie ein Gerichtsvollzieher, dem Leid, Angst und Not der Menschen egal sind. Er kommt als schwaches, unscheinbares Kind. Ein Flüchtlingskind, Asylant in Ägypten. Ein Gott, der von vielen nicht verstanden und nicht geliebt, sondern abgelehnt und verfolgt wird. Ein Gott mit einem

menschlichen Leib, aus dem Menschen ein Kreuz machen werden. Weil Gott Liebe ist und die Menschen so unendlich gern hat, wird er ein leidender Gott. In Jesus leidet er die Leiden aller Menschen und aller Zeiten mit und verwandelt sie in Licht.

Weihnachten:
Die Liebe bekommt Hand und Fuß
und die Wärme eines Menschenherzens.

Ein Wort wie ein Stern

Was ist mit der Sprache los? Tag für Tag gehen gewaltige Wortlawinen auf uns nieder. Wir haben nicht nur Luft und Wasser und Erde verschmutzt, sondern auch die Sprache. Verstellung, Hass und Lüge verwirren die Sprache, dass Menschen einander nicht mehr verstehen. Oft genug betrügen sie einander mit vielen Worten, die nichts sagen.

Dabei kann das Wort etwas Wunderbares sein: das, was du bist. Es kann viel mehr sein als das, was du nur sagst und schreibst. Und das Wort war bei Gott, und Gott war das Wort, und Liebe war das Wort. Das Wort ist Fleisch geworden und hat unter uns gewohnt. Jesus ist das Wort, das Liebe ist. Jesus ist das Wort nicht nur durch das, was er sagt und was er tut, sondern vor allem durch das, was er ist.

Jesus ist das Wort Gottes und zugleich die Antwort auf alle unsere Lebensfragen. Alles,

was Gott den Menschen zu sagen hat, ist Jesus. In Jesus hat er sich ganz und gar ausgesprochen: Liebe, die Fleisch und Blut angenommen hat und Mensch geworden ist in einem menschlichen Leib, mit Hand und Fuß und mit der Wärme eines menschlichen Herzens. Jesus ist die Liebeserklärung Gottes.

Ein Wort kann wie eine Geburt sein,
wie ein Stern, der vom Himmel fällt,
wie ein Stück Brot
für einen neuen Anfang.

Heiliges Geheimnis

Vieles im Leben von Mensch und Natur, was früheren Generationen ein Rätsel war, hat die moderne Wissenschaft entschlüsselt. Und doch bleibt Ungelöstes, nicht nur in der Welt der Natur, auch und gerade in der Welt des Menschen. In allem, was Menschen erleben und erleiden, begegnet ihnen Unergründliches.

Das heilige Geheimnis können wir verdrängen, und doch erfüllt es unser Dasein mit seiner unaufdringlichen Gegenwart. An Weihnachten offenbart sich Gott, das heilige Geheimnis, in der Stille der Nacht. In seinem Sohn erschließt er sich selbst, öffnet er sein Wesen, das Liebe ist. Er kommt, damit wir ihn und einander lieben können und auch uns selbst.

Ausgerechnet als Kind

Weihnachten heißt: Gott kommt in diese trostlose Welt, er kommt zu uns. Nicht wenige sagen heute: Das bringt doch nichts, das kannst du vergessen. Hat Gott vielleicht etwas falsch gemacht? Was würden wir meinen, wie man heute sein Kommen organisieren müsste? Wie einen Staatsempfang, wie ein Event, eine Prinzenhochzeit, eine Weltmeisterschaft?

Nichts von alledem. Gott kommt nicht als Superstar, als Publikumsmagnet. Er kommt in unsere trostlose Welt als ein Kind, ausgerechnet als ein armes, hilfsbedürftiges Kind. Warum nur?

Damit wir keine Angst vor Gott haben. Damit wir zu ihm gehen, uns an ihn herantrauen. Damit er unser Herz anrühren kann.

Licht in der Nacht

Der Gott des Christentums ist hinabgestiegen in die tiefsten Keller der Menschheit, wo Tag für Tag Hass ausgebrütet und genährt wird und mit dem Hass alle Ungerechtigkeit, wo Menschen einander ablehnen, ausbeuten, quälen und zugrunde richten. Gott hat sich mit allen Opfern identifiziert, wo auch immer in der Welt.

Die Geschichte Gottes spielt sich zwischen Krippe und Kreuz ab. Es ist die Geschichte von einem Mann ohne Macht und Reichtum, einem Wehrlosen, der verhöhnt und verfolgt, gefoltert und gekreuzigt wird, weil er für eine Botschaft der Liebe und Gerechtigkeit, des Friedens und der Versöhnung eintritt.

Das Christentum geht dem Leid nicht aus dem Weg. Es geschieht keine Verdrängung, sondern eine Befreiung vom sinnlosen, hoffnungslosen Leiden. Christentum ist Befreiung zu einem von Liebe erfüllten Leben. Ich glaube

an die Auferstehung aus dem Leid. Wir gehen durch jedes Kreuz zum Licht und selbst durch die Finsternis des Todes in das Licht, das Gott durch Jesus Christus in allen Menschennächten angezündet hat.

Es gibt viele Wege zu Gott.
Seine Liebe führt alles ins Licht.

Mensch, ich hab dich gern!

Gott ist der Erste, der gesagt hat: »Mensch, ich hab dich gern.« Weihnachten heißt: Gottes Menschlichkeit ist erschienen, seine Güte, seine Milde, seine Zärtlichkeit. Mit seiner Liebe geht Gott auf die Menschen zu, um sie von ihrer Machtgier, ihrem unersättlichen Habenwollen, ihrer blinden Leidenschaft, ihrem krankhaften Egoismus zu befreien.

In der Menschwerdung Jesu kommt Gott, um sich für den armen Menschen einzusetzen, ja um mit ihm eins zu werden. Eins mit allen Vereinsamten und Leidenden, mit den Unterdrückten und Gescheiterten, mit den Tausenden von Minderjährigen, die kein Zuhause haben und denen liebevolle Zuwendung fehlt, mit der großen Gruppe der körperlich und geistig Behinderten, mit den Flüchtlingen und Asylsuchenden, den Arbeitslosen, den Menschen in Gefängnissen und Lagern und Slums.

Jesus ist gekommen, damit wir Menschen, ob alt oder jung, ob krank oder gesund, welcher Sprache, welcher sozialen Stellung und Bildung, welcher Herkunft und Hautfarbe auch immer, einander vertragen, einander helfen, einander gern haben und lieben.

Ich glaube an das Wunder, dass wir in jedem Haus, in jeder Straße, in jeder Stadt einander sagen: »Mensch, ich hab dich gern.« Ich will alle bitteren Worte aus meinem Mund weglegen und mein Herz mit Güte füllen und meine Hände mit Freundschaft. Sag es weiter mit Worten oder ohne Worte. Sag es mit einem Lächeln, mit einer Geste der Versöhnung, mit einem Händedruck, mit einem Wort der Anerkennung, mit einer Umarmung, mit einem Kuss, mit einem Stern in deinen Augen. Sag es weiter mit tausend kleinen Aufmerksamkeiten, jeden Tag aufs Neue:

»Mensch, ich hab dich so gern.«

Wo Gott wohnt

Weihnachten ist der Durchbruch Gottes, der Durchbruch der Liebe in dieser Welt, die so dunkel und kalt ist, bis hin zu deinem Herzen. Das ist etwas Gewaltiges. In diesen Weihnachtstagen kann jeder Güte und Liebe aufnehmen. Auch du. Auch wenn du noch so arm bist, leer und kalt. So war doch auch die Krippe. Sie hatte nur einen Vorteil: Sie war offen. Das ist aber auch alles, was von dir verlangt wird in diesen Weihnachtstagen: offen sein!

Jede Verschlossenheit ist eine Form von Hass, eine Form davon, dass einer etwas nicht annehmen will. Gott kommt nicht im Hass, nicht in Zank und Streit, nicht in Nörgelei, nicht in Neid und Verbitterung. Gott wohnt einzig und allein in der Güte von Mensch zu Mensch, in der Vergebung, in der Versöhnung, im Verständnis füreinander, in Freundlichkeit und Nachsicht.

Viele machen sich keine Gedanken über Gott, und nicht selten wird heute Gott für tot erklärt. Gott ist kein Gott der Philosophen und Gelehrten, die jedes Jahrhundert ihre Meinung über ihn ändern. Gott ist nicht tot. Er lebt, aber er ist nicht leicht zu erkennen und vertraut sich nur denen an, die ihn lieben wollen. Weihnachten heißt: Gott ist sichtbar geworden auf Erden in jeder Freundlichkeit und Liebe unter den Menschen.

Gott ist Liebe.
Gott wohnt – in dir?

4

Bei dir bin ich zu Hause

Am Ende eines Jahres

Ein Jahr geht zu Ende. Was ist dir von ihm geblieben? Vielleicht Enttäuschungen und Misserfolge, ein Haufen Ärger und graue Haare. Vielleicht ein leiser Schmerz im Herzen, weil alles so schnell gegangen ist?

Fühlst du vielleicht zum ersten Mal, dass jedes Jahr von deinem Leben ein Stück abschneidet? Denk mal ruhig darüber nach. Es kann ja nicht schaden, wenn du ein paar Illusionen los wirst. Aber es wäre eine Katastrophe, solltest du den Mut verloren haben und den Glauben an das kommende Jahr. Suche weiter nach Frieden. Suche nach unbelasteter Verbindung zu Gott. Er kann dir die leeren Hände füllen und das leere Herz.

Rückblick

War das letzte Jahr für dich ein gutes Jahr? Bist du mehr Mensch geworden, ein besserer Mensch? Du hast doch 365 Tage Zeit dazu gehabt. Schau mal zurück, was hast du da getan? Hast du Sonne, Freude und Glück gebracht oder Trauer und Schmerz? Hast du dich um andere gekümmert oder ihr Glück zerbrochen?

Dein Leben vom letzten Jahr liegt jetzt unerschütterlich da, ein Dokument für die Ewigkeit, und es beginnt ein neues Jahr. Du bekommst eine neue Chance: 365 Tage, um gut, freundlich und hilfsbereit zu sein. 365 Tage, um zu lieben, um Glück zu säen für andere.

Suche niemals das Glück nur für dich allein, nur in deinen eigenen vier Wänden. Hol im neuen Jahr für die anderen jeden Tag »Sonne« hervor: die Sonne deiner Freundschaft und Güte. Lass sie nicht untergehen in den Wolken schlechter Laune, im Nebel der

Gleichgültigkeit, in der Nacht des Misstrau-
ens. Nimm jeden Menschen, den du im neuen
Jahr triffst, in dein Leben auf mit Freundlichkeit und Güte. Dann wird das Zusammensein
ein Fest, voller Glück in jedem Menschenher-
zen, auch in deinem.

Das ist die Kunst des Lebens:
Jeden Morgen aus der Nacht aufstehen.
Jeden Tag neu sein wie das Licht der Sonne.
Jeden Tag anfangen als ein neuer Mensch.

Abschied vom alten Jahr

Um ein bisschen glücklich zu sein, ein bisschen Himmel auf Erden zu haben, musst du dich mit dem Leben versöhnen, mit deinem eigenen Leben, wie es nun einmal geworden ist. Du musst Frieden machen mit deiner Arbeit, mit den Menschen in deiner Nähe, mit ihren Fehlern und Schwächen. Du musst froh sein mit deinem Mann, mit deiner Frau, auch wenn du jetzt vielleicht weißt, dass du nicht den idealen Mann, nicht die ideale Frau getroffen hast (glaube nicht, dass es so etwas gibt). Du musst Frieden machen mit den Grenzen deines Kontos, mit deinem Gesicht, das du dir nicht ausgesucht hast, mit den Bedingungen deines Lebens, auch wenn es der Nachbar viel besser hat (als du – meinst du).

Manchmal kann das Leben grausam zu Menschen sein. Arthur Miller schreibt in einem seiner Theaterstücke von einem Traum.

Jemand träumt, das eigene Leben sei sein Kind, ein furchtbar entstelltes Kind: »Ich lief weg. Aber es kroch immer wieder auf meinen Schoß. Es zog an meinen Kleidern. Bis ich dachte: Wenn ich es küssen kann, kann ich vielleicht schlafen. Und ich beugte meinen Kopf über das entstellte Gesicht – es war grauenhaft … aber ich küsste es.« Ja, ich glaube, dass du letzten Endes dein Leben in deine Arme nehmen musst, dein Leben, so wie es ist, es hinnehmen, wie schwer und hart es auch ist. Wenn du es einmal geküsst hast, wird es anders, erträglicher. Versöhne dich mit dem Leben. Umarme dein Leben. Nimm es, wie es ist. Heute. Um das Glück, das auf dich wartet, nicht zu verfehlen.

Versöhne dich mit dem Leben.
Du steckst in deiner eigenen Haut,
in einer anderen Haut kannst
du nicht mehr geboren werden.

Zwischen den Jahren

Jetzt ist die Zeit zwischen zwei Nächten, der Nacht von Weihnachten und der Nacht von Neujahr. An Weihnachten beginnt ein stiller Durchbruch der Liebe in unserer dunklen Welt, das Warmwerden eines kalten Planeten, das Wachsen von kleinen Oasen in der Wüste. In der Neujahrsnacht werden wir uns wieder gegenseitig mit Wünschen überschütten. Aber wenn unsere Wünsche nicht aus dem Geist von Weihnachten wachsen und von Liebe erfüllt sind, dann kommen sie eher auf Verwünschungen heraus, und dann geht es mit dem neuen Jahr bereits am ersten Tag bergab.

Wo Hass zu Hause ist, kann Gott nicht wohnen. Gott wohnt allein in der Güte von Mensch zu Mensch, im Verständnis füreinander, in der Versöhnung miteinander, in der Liebe.

Wir sehnen uns nach einer besseren Welt und tun doch oft nichts lieber, als auf die schlech-

ten Zeiten, die hohen Steuern und alle mögli-
chen und unmöglichen Leute zu schimpfen.
Darum sei unser Motto für das neue Jahr: Ich
will die Welt verbessern, ich fang bei mir selber
an! Dann kannst du in der Neujahrsnacht auf
eine glücklichere Welt für alle anstoßen.

Lass die Liebe
wie die Weihnachtssonne sein,
stark genug, um das ganze neue Jahr
zu erleuchten und zu erwärmen.

Was ist Zeit?

Was ist Zeit? Zeit ist der Abstand zwischen Morgen und Abend, der Abstand zwischen der Wiege und dem Grab. Zeit ist das Vergängliche an den Menschen und Dingen: die abgewetzte Jacke, die abgelaufenen Schuhe, die grau gewordenen Haare, die schmerzenden Gelenke, die Runzeln im Gesicht.

Was ist Zeit? Zeit ist Raum, um zu leben und zu genießen; Raum für das Aufgehen der Sonne; für einen Vogel, der früh am Morgen singt; für eine Blume, die nur einen Tag blüht; für ein Kind, das dich anlacht; für ein gutes Wort, das jemand zu dir sagt.

Was ist Zeit? Die Stille genießen, wenn Radio und Fernsehen zum Schweigen gebracht sind; die Nähe und das warme Herz Gottes spüren in der Luft, die du atmest, in deinem Herzen, das klopft, in den tausend Dingen, die dir gratis gegeben werden, ohne dass du sie er-

beten und ohne dass du sie verdient hast. Zeit:
den Augenblick genießen, jenes einmalige Jetzt,
das wir in Freude und Dankbarkeit umarmen.

Zu Ende geht ein Jahr
mit seinem Leben, Leiden und Sterben.
Bewahre das Gute,
vergib und vergiss das Böse.
Geschenkt wird uns ein neues Jahr,
um Zeit zu verwandeln
in Leben.

Im Rhythmus des Lebens

Seltsames, unbegreifliches Menschenleben. Jahr um Jahr, Tag um Tag bewegst du dich zwischen Menschen und Dingen. Es gibt Tage, da scheint die Sonne, und du weißt nicht warum. Du bist zufrieden. Du siehst die guten, schönen Seiten des Lebens. Du lachst, du bist dankbar, du möchtest vor Freude springen. Die Arbeit geht dir von der Hand. Alle sind freundlich zu dir. Du weißt nicht warum. Vielleicht hast du gut geschlafen. Vielleicht hast du einen guten Menschen gefunden und fühlst dich verstanden. Du denkst: So soll es bleiben, dieser Friede, diese tiefe Freude.

Doch auf einmal ist alles anders. Als ob eine überhelle Sonne die Wolken anzieht – derart fällt Trauer über dich, unerklärlich. Dir erscheint alles schwarz. Dir fällt alles schwer. Du traust dir nichts mehr zu und verlierst allen Mut. Du denkst, alle anderen mögen dich

nicht mehr und halten nichts mehr von dir. Überall findest du Gründe, um zu klagen und anzuklagen. Du denkst: So wird es immer weitergehen, dieser Zustand wird sich nicht mehr ändern. Und du weißt nicht warum. Vielleicht bist du müde. Du weißt es nicht. Warum muss das so sein? Weil ein Mensch ein Stück Natur ist, mit Frühlingstagen und Herbsttagen, mit der Wärme des Sommers und der Kälte des Winters.

Weil der Mensch dem Rhythmus des Meeres folgt: Ebbe und Flut. Weil unser Dasein eine ständige Wiederholung ist von Leben und Sterben. Wenn du das begreifst, kannst du wieder weiter mit Mut und voller Vertrauen, denn dann weißt du: Auf jede Nacht folgt ein neuer Morgen. Wenn du Ja sagst zum Rhythmus des Lebens, wenn du das annimmst, wirst du durch dieses Auf und Ab zu immer größerer Lebenstiefe und Lebensfreude finden.

Man lebt nur mit dem Herzen gut

Mehr als mit dem Verstand denkst du mit dem Herzen. Du siehst die Menschen und die Dinge mit dem Herzen. Alles siehst du mit dem Herzen. Was dein Herz mag, dafür wirst du dich einsetzen mit ganzem Kopf und aller Kraft. Lebensziele, Weltanschauung: Dein Herz wählt, wofür du kämpfst. Das Herz macht den Verstand hell oder finster. Das wahre Maß des Herzens heißt: Liebe.

Liebe darf man nicht mit der Goldwaage abwiegen! Nicht vorher ausrechnen, wie viel man geben soll, wie weit man gehen soll mit der Liebe. Lass deine Liebe ungezwungen sein. Liebe, die man misst und wiegt, ist keine Liebe, sondern Berechnung. Mit solcher Liebe wirst du nicht glücklich. Die Tage vergehen eintönig wie eine endlose Bahnfahrt. Niemals wird es warm in deinem Innern. Spontane Liebe ist et-

was Fantastisches. Spontane Liebe zu deinem Partner, zu deinen Angehörigen, zu einem einsamen Kind auf der Straße, zu einem Menschen, der leidet, zu einem, der am Rande der Gesellschaft lebt. Spontane Liebe ist eine Gabe, die dich in den Himmel der Freude bringt.

Ist das Herz voll von Misstrauen und Egoismus, dann findet der Verstand niemals einen Weg zum Frieden. Die Leute lieben sich nicht, und dann werden sie sich auch nicht einig. Alles, was sie erreichen: ein labiles Gleichgewicht der Machtinteressen, gestützt auf gegenseitiges Misstrauen. Friede, Freude, Glück in der Welt – das sind keine Geschäfte des Verstandes, das ist Sache des Herzens. Alles ist im Grunde faul, ist das Herz der Menschen nicht gesund. Die erste Aufgabe für alle Menschen: Kümmere dich ums Herz!

Lebenslotterie

Das Leben ist wie eine Lotterie, meinen viele Leute, sie hätten nur nicht das richtige Los gezogen. Sie sind überzeugt – was noch schlimmer ist –, der Nachbar, der fröhliche, der mehr feiert, der hätte das viel bessere Los bekommen.

Doch so ganz verschieden sind die Lose nicht. Der Unterschied liegt im Wie, wie man es ansieht, wie man es annimmt. Und das liegt bei einem jeden selbst. Ich habe viele Menschen getroffen, jeder anders, alle verschieden. Ich habe auf ihre tiefsten Geheimnisse gehört. Keiner war dabei mit dem großen Los, dem makellosen Glück. Irgendetwas hatten alle, ein Missgeschick, eine Last, eine Wunde. Die Gläubigen nennen es: Kreuz. Die anderen sagen dazu: Ich habe kein Glück. Manche waren dabei, die sind bei allem Leid doch glückliche, fröhliche Menschen geblieben.

Andere resignierten, wenn es schwierig wurde, wenn etwas schiefging. Oft hatten sie genau das Gleiche durchgemacht; heraus kam ganz Verschiedenes.

Das Leben ist wie eine Lotterie.
Aber da lässt sich viel machen
von uns selber.

Neujahrswünsche

Meine Neujahrswünsche: Ein gutes Jahr für dich und für alle Menschen. Gib anderen die Hand, auch denen, denen du schon lange keine Hand mehr gegeben hast. Gib ihnen die Hand mit einem Herzen voller guter und ehrlicher Wünsche, nicht Wünsche wie von einer schönen Maske, die sich das hässliche Gesicht des Heuchlers aufsetzt. Schreib ein Kärtchen, klebe einen Kuss drauf!

Lass uns gemeinsam fahren! Wir sitzen im gleichen Boot. Alle Menschen wie Brüder und Schwestern im selben Boot. Menschen, die gemeinsam fahren. Ein fantastischer Traum. Die Sonne tanzt am Himmel. Die Fische singen im Meer. Alle Menschen wie Brüder und Schwestern im gleichen Boot der Welt. Schwache und Starke. Alle Völker und Rassen. Mächtige und Machtlose. Arme und Reiche. Ein fantastischer Traum.

Warum muss ich aufwachen und sehen, wie das Boot schwer angeschlagen, ohne Orientierung dahintreibt? Warum höre ich Idealisten und Propheten im Boot verzweifelt nach Menschen rufen mit einem Herzen?

Ausfahrt ins neue Jahr:
Wirst du es mit ins Boot bringen:
dein eigenes Herz?

Zeit, um glücklich zu sein

Das neue Jahr soll das glücklichste deines Lebens sein. Nimm dir Zeit, um glücklich zu sein! Du bist ein wandelndes Wunder in dieser Welt. Du bist einmalig, einzigartig, unverwechselbar.

Weißt du das?

Warum staunst du nicht, warum freust du dich nicht, überrascht über dich selbst und über all die anderen um dich?

Zeit ist keine Schnellstraße zwischen Wiege und Grab, sondern Raum, um in der Sonne zu parken. Jahre sind keine Kilometer, die man verschlingen muss, sondern jedes Jahr, auch dieses neue Jahr, ist eine Gabe aus Gottes Hand, umsonst gegeben. Nimm dir ruhig Zeit, um glücklich zu sein.

Wir klagen manchmal über schlechte Zeiten und über eine harte, unbarmherzige Welt. Aber klagen hilft nicht. Die Welt ist nur deshalb schlecht, hart, grausam, weil die Menschen es

sind, die da wohnen. Über die Erde wird nicht im Himmel oder in der Hölle entschieden, sondern einzig durch die Menschen, die auf der Erde leben – so wie du.

Für eine bessere Welt
gibt es nur einen guten Anfang:
bei dir selbst!

Von ganzem Herzen

Ein neues Jahr beginnt. Mach ein gutes Jahr daraus. Lass deine Sympathie und Zuneigung spürbar werden zu Hause, in der Schule, am Arbeitsplatz, überall, wo du auch lebst. Halte die giftige Zunge im Zaum. Sei bereit, Feindseligkeiten beizulegen. Mach Menschen glücklich, deinen Mann, deine Frau, deine Kinder, deine Angehörigen, alle, mit denen du zusammen lebst, glücklich durch das, was du sagst und tust und wie du zu ihnen bist. Denn du brauchst ihr Glück, um selbst glücklich zu sein.

Suche niemals das Glück nur für dich allein. Hilf eine Welt zu schaffen, in der wir uns nicht nur vertragen, sondern wirklich gern haben, eine Welt, in der Platz ist für ein Lächeln, für eine Blume, für ein Herz, für ein Stückchen Himmel auf Erden.

Lass jeden Tag Liebe geboren werden.
Dann ist kein Winter mehr
und keine Wüste.
Dann blüht die Freude
an allen Bäumen,
und die Sterne
singen ein Lied.
Dann öffnet Gott
die Tore des Paradieses,
und du kannst lachen vor Glück.

Lauter gute Wünsche

Das ganze Leben ist von guten Wünschen begleitet. Zum Jahresbeginn sagen wir: »Prost Neujahr« und wünschen »Ein gutes Neues Jahr«. Einander »Guten Tag« oder »Gute Nacht«, »Guten Appetit« oder »Viel Erfolg« zu wünschen gehört zum guten Ton, zu einem freundlichen Miteinander, auch wenn man sich im Alltag oftmals nicht allzu viel dabei denkt.

Was ist mein sehnlichster Wunsch? Ein Kind wünscht sich etwas anderes als ein junger oder ein älterer Mensch. Mal geht es in unseren Wünschen mehr um uns selbst, mal mehr um andere; mal um Gesundheit, mal um Gerechtigkeit, um Naheliegendes oder um schier Unerfüllbares.

Immer geht es um ein Leben mit Zukunft, mit guten, ja glänzenden Aussichten. Allen trüben Erfahrungen zum Trotz ist diese Perspektive der Hoffnung keine Illusion.

Wünschen wir uns, jetzt schon ab und zu und dann einmal für immer sagen zu können: Ich bin wunschlos glücklich.

Wenn ich wunschlos glücklich bin, lebe ich jeden Tag neu. Meine Augen sind da für das Licht, für das Weiß des Schnees, für das erste Grün im Frühling, für das Grau der Wolken und das Blau des Himmels, für das Leuchten der Sonne am Tag, für das Funkeln der Sterne in der Nacht und für das unglaubliche Wunder, dass es so viele wunderbare Menschen gibt.

Wenn ich wunschlos glücklich bin, ist mein Mund da für ein gutes Wort, auf das ein anderer wartet. Meine Lippen sind da für einen Kuss, meine Hände, um zu helfen und zärtlich zu sein, meine Füße, um den Weg zum Nächsten zu gehen, zu denen, die in Einsamkeit und Kälte leben.

Und mein Herz ist da für die Liebe.

Mein Gebet

Wenn ich müde bin
vom Weg zu den Sternen,
um den Menschen in der Nacht
ein bisschen Licht zu holen,
dann setze ich mich in die Stille,
und ich finde dich, mein Gott!
Dann lausche ich der Quelle,
und ich höre dich.
Ganz tief in mir selbst
und in allem, was um mich ist,
spüre ich ein großes Geheimnis.

Gott,
für mich bist du ganz nah,
für mich bist du da,
spürbar, greifbar gegenwärtig.
Gegenwärtig bist du in mir,
mehr als die Luft in meinen Lungen,
mehr als das Blut in meinen Adern.

Gott, mein Gott,
ich glaube an dich.
So wie der Blinde an die Sonne glaubt,
nicht weil er sie sieht,
sondern weil er sie spürt.

Lieber Gott,
in Jesus hast du mich spüren lassen,
wie viel du von mir hältst.
Wie sehr du mich liebst!
Deine Liebe zu mir hast du
in die ganze Natur gelegt
und in die Menschen, die um mich sind.
Du bist ein Gott der Liebe.

Bei dir bin ich zu Hause

Mit tausend Händen streichelst du mich.
Mit tausend Lippen küsst du mich.
Mit tausend Früchten speist du mich.
Alles hast du mir gegeben,
alles, was ich habe, und alles, was ich bin.
Auf tausend Flügeln trägst du mich.
Bei dir bin ich zu Hause wie ein Kind.

Quellenverzeichnis

Zusammengestellt aus Büchern von Phil Bosmans, die alle im Verlag Herder, Freiburg im Breisgau, erschienen sind. Alle Werke von Phil Bosmans sind herausgegeben und ins Deutsche übertragen von Ulrich Schütz.

© *Verlag Herder GmbH, Freiburg im Breisgau*

Blumen des Glücks musst du selbst pflanzen, Neuausgabe 2008.

Jedes Herz braucht ein Zuhause (zusammen mit Ulrich Schütz), 2006.

Kleines Buch vom guten Gott, 2011.

Leben jeden Tag. 365 Vitamine für das Herz, 3. Auflage 2012.

Lichtblicke. Ein gutes Wort für jeden Tag (zusammen mit Ulrich Schütz), 2012.

Mensch, ich hab dich gern, 2. Auflage 2011.

Vergiss die Freude nicht, Neuausgabe 2012.

Weihnachten mit Phil Bosmans, 1999.

Bund ohne Namen

von Phil Bosmans gegründet
für mehr Herz in dieser Welt
www.bund-ohne-namen.de

Weitere Titel von Phil Bosmans

Lichtblicke
Ein gutes Wort für jeden Tag
ISBN 978-3-451-31056-0

Vergiss die Freude nicht
ISBN 978-3-451-32461-1

Vitamine fürs Herz
Das große Lesebuch
ISBN 978-3-451-32802-2

Leben jeden Tag
365 Vitamine für das Herz
ISBN 978-3-451-32142-9

Mehr Sonne fürs Herz!
Aufstellbuch
ISBN 978-3-451-32376-8

Kleines Buch vom guten Gott
ISBN 978-3-451-07126-3

In dir liegt das Glück
Muntermacher für die Seele
Großdruck Edition
ISBN 978-3-451-06413-5

HERDER

Wunderbare

Anthony de Mello
Weise Weihnachten
144 Seiten | Paperback
ISBN 978-3-451-07145-4

Phil Bosmans
Weihnachten mit Herz
144 Seiten | Paperback
ISBN 978-3-451-07146-1

Christa Spilling-Nöker
O wunderbare
Weihnachtszeit
160 Seiten | Paperback
ISBN 978-3-451-07148-5

In jeder Buchhandlung

HERDER
Lesen ist Leben

Weihnachten

HERDER spektrum Band 7146

Ins Deutsche übertragen von Ulrich Schütz
Zusammengestellt und bearbeitet von Ulrich Sander

MIX
Papier aus verantwor-
tungsvollen Quellen
FSC® C106847

Umschlagkonzeption und -gestaltung:
RME Eschlbeck / Hanel / Gober
Umschlagmotiv: © Doc RaBe – Fotolia.com
Vignette im Innenteil: © Designbüro Gestaltungssaal
Sabine Hanel, Alexandra Gober

Herstellung: fgb · freiburger graphische betriebe
www.fgb.de

Printed in Germany

ISBN 978-3-451-07146-1